I d e e n **Blitz**

Ingrid Biermann

# FrühlingsTage

Kleine Aktionen für den Kita-Alltag

HERDER

FREIBURG · BASEL · WIEN

Frühlingstage

Jahr für Jahr freut sich nach einem langen, kalten und farblosen Winter Groß und Klein auf den Frühling. Schon Wochen vor dem kalendarischen Frühlingsanfang wird mit Spannung und Vorfreude über die bevorstehende Jahreszeit gesprochen. „Wenn erst einmal wieder die Sonne schön warm scheint, dann …", so hört man viele Menschen sagen. Es werden sogar Vorbereitungen getroffen, um für den Frühling gerüstet zu sein. Alles, was an den Winter erinnert, wird eingemottet und ein Blumenstrauß mit Frühlingsblumen steht bei vielen sogar schon kurz nach Weihnachten auf dem Tisch. Nicht nur die Erwachsenen wollen vieles machen, wenn es warm wird, sondern auch die Kinder. Fragen Sie doch einmal Ihre Kinder, warum sie sich so auf den Frühling freuen und was sie dann alles unternehmen wollen. Sie werden überrascht sein, wie gut sie ihre Wünsche artikulieren können. Eine Antwort, die Ihnen die Kinder bestimmt geben, ist die, dass sie sich darauf freuen, nach draußen zu gehen, im Sand zu spielen und ohne Jacke Roller zu fahren. Nutzen sie diesen Freiheitsdrang und seien Sie mit den Kindern Frühlingsdetektive, die bei gemeinsamen Aktionen das Frühlingserwachen draußen mit allen Sinnen erleben. Suchen Sie sich jeden Tag einen Grund, um mit den Kindern ins Freie zu gehen und sei es nur für eine kurze Zeit. Mit Stiefeln und Regenjacken gut ausgerüstet, kann auch ein warmer Frühlingsregen Spaß machen! Erzählungen, Lieder, Spiele, Bewegungsgeschichten, eigentlich (fast) alles könnte im Freien durchgeführt werden. Versuchen Sie es, verlegen Sie Ihre Angebote so oft es geht nach draußen und Sie werden sehen, dass die Frühlingsluft die Fantasie, den Bewegungsdrang, das gemeinsame Tun beflügelt. In diesem Heft finden Sie neue Geschichten, Lieder, Bewegungsspiele und vieles mehr, mit denen Sie lebendige Frühlingstage gestalten können. Verbunden mit Ihren Ideen und denen Ihrer Kinder werden Sie mit viel Abwechselung gemeinsam das Erwachen des Frühlings erleben. Viel Spaß!

*Ingrid Biermann*

# Inhalt

# Schnüpperli,
# der Frühlingsdetektiv

**Material:**

viele Moosstücke, ein Weidenkorb, ein Plüschhase, Frühlingsschätze wie Blumenzwiebeln, frisches Gras, Blumen, ein Zweig mit Knospen, Löwenzahnblätter usw., ein Messer, ein Kassettenrekorder und ruhige Musik

**Einstieg:**

Die Kinder sitzen im Kreis und die Erzieherin lädt sie zu einem Finger-Ratespiel ein. Dazu beginnt sie mit dem folgenden Text.

Jeder von euch hat schon einmal einen Schnüpperli gesehen. Ach, ihr wisst nicht, wer das ist? Dann hört einmal gut zu, denn mit diesem Fingerspiel wird das Geheimnis gelöst.

**Mit dem Zeigefinger in die Runde zeigen.**

Jedem hier in diesem Land
ist dieses Tier sehr gut bekannt.

**Mit einer Hand über den Handrücken der anderen Hand streichen.**
**Mit der Hand das Hoppeln andeuten.**

Es hat ein weiches Schmusefell

und hoppelt blitzschnell von der Stell.

**Mit den Zeigefingern große Ohren in die Luft malen.**

Mit Löffeln wurde er geboren,
so nennt man seine großen Ohren.

**Mit der Hand das Hoppeln andeuten.**

Er hoppelt in die Welt hinaus,
in Feld und Wald kennt er sich aus.

**Die vier Finger auf den gekrümmten Daumen legen und schnell auf und ab bewegen.**
**Mit einer Hand über den Handrücken der anderen Hand streichen.**

Er frisst Möhren, frisches Gras

und ist sein weiches Fell mal nass,

**Mit beiden Armen eine Sonne malen.**
**Hoppelbewegungen machen.**

ruht er sich in der Sonne aus
und hoppelt dann vergnügt nach Haus.

Mit einem Finger einen Kreis in die Luft malen.
Die Lippen spitzen und mit dem Finger antippen.
Mit den Fingern andeuten.

Sein Stummenschwanz ist kugelrund
und etwas spitz, so ist sein Mund.

Die Haare dort sind lang und hart,
ich glaub das Tier hat einen Bart.

Der Jäger, der ist nicht sein Freund,
der jagt ihn, so wie einen Feind.

Die Hand hüpft hinter den Rücken.

Hört er ihn kommen, hüpft er fort
an einen ganz, ganz sich'ren Ort.

Auf ein Kind zeigen.

Nun weißt du sicher ganz gewiss
wer dieser Schnüpperli wohl ist.

Das Kind, auf das die Erzieherin zeigt, versucht das Rätsel zu lösen.

Nun bittet die Erzieherin die Kinder, mit den Händen eine Schale zu bilden und die Augen zu schließen. Ruhige Musik aus dem Kassettenrekorder sorgt für eine entspannte Atmosphäre. Sie legt jedem Kind ein Stück Moos in die Hände. Nachdem die Kinder den Gegenstand durch Riechen und Fühlen identifiziert haben, öffnen sie die Augen. Gemeinsam wird eine Mooswiese in die Kreismitte gelegt. Danach schließen die Kinder wieder die Augen und die Erzieherin stellt einen Plüschhasen auf das Moos. Die Musik wird abgestellt und die Kinder können die Augen öffnen. Die Erzieherin stellt ihnen den Hasen Schnüpperli vor. Er wird im Kreis herumgereicht und die Kinder können ihn befühlen. Nachdem alle Kinder ihn einmal auf dem Schoß hatten, wird er wieder in die Mitte auf das Moos gesetzt. Dann erzählt die Erzieherin folgende Geschichte.

So wie die Menschen hat auch Schnüpperli seine Lieblingsjahreszeit. Es ist nicht der Winter. Nein, diese Jahreszeit
mag er nicht, weil er dann friert und nirgends etwas zu fres-
sen findet. Es ist auch nicht der Sommer, da ist es ihm viel zu
heiß. Dann schwitzt er und seine langen Löffel hängen
schlapp am Kopf herunter. Es ist auch nicht der Herbst. Der
ist ihm viel zu gefährlich. Erst im letzten Jahr ist ihm etwas
Schreckliches passiert. Als er über eine Wiese hoppelte und
unter einem Apfelbaum eine Pause gemacht hat, da ist ein
riesiger Apfel zu Boden gefallen. Beinahe wäre er auf seinem
Kopf gelandet. Doch Schnüpperli hatte Glück. Er ist direkt
hinter seine Schwanzspitze gefallen. Schnüpperli hat sich so
erschrocken, dass er wie ein Blitz in den Wald gerannt ist.
Dabei ist er aber über eine Baumwurzel gestolpert und hat
sich einen Fuß verstaucht. Wochenlang musste Schnüpperli
durch die Gegend humpeln. Nein, das soll ihm nicht noch
einmal passieren und deshalb hält er sich im Herbst lieber im
Wald auf.

Schnüpperlis Lieblingsjahreszeit ist, wie jetzt jeder erraten
kann der, (die Kinder können raten) … Frühling. In dieser
Zeit kennt man ihn gar nicht wieder. Ausgelassen hoppelt er
stundenlang auf der Wiese hin und her und ist damit be-
schäftigt, den Frühling zu entdecken. Er ist wie ein Detektiv
immer auf der Suche nach neuen Dingen. Mit seinen Ohren
kann er gut hören, mit seiner Nase kann er gut riechen, mit
seiner Zunge kann er gut schmecken und seine Barthaare erfühlen das, was um ihn herum ist. Er hat aber auch sehr
scharfe Augen. Alles ist für Schnüpperli interessant und
nichts ist ihm zu gefährlich. Er zwängt sich durch das Ge-
strüpp, kraxelt zwischen den Steinen herum und traut sich,
unbekannte Wege zu gehen. Überall findet er etwas, was er
beschnuppern, beknabbern oder bestaunen kann. Noch nie
war eine andere Jahreszeit für ihn so spannend wie der Frühling. Wenn Schnüpperli etwas so interessant findet, dass er es
mitnehmen will, dann schubst er es so lange vor sich her, bis
er zu Hause angelangt ist. Dort versteckt er seinen Frühlings-
schatz, und wenn er dann einmal von seinen Freunden, den
anderen Hasen, Besuch bekommt, holt er seine Schätze her-
vor. Schnüpperli kann zu jedem Fundstück etwas erzählen

und er ist auf jedes Teil stolz. Manchmal machen alle Hasen das Frühlingsfühl-, -lausch-, -riech- und -knabberspiel. Dann müssen seine Freunde mit verbundenen Augen seine Schätze fühlen, schmecken, riechen oder hören. Das ist sehr spannend, und jeder, der richtig geraten hat, bekommt von Schnüpperli ein großes Löwenzahnblatt. Am Schluss des Spieles knabbern die Hasen voller Genuss an ihren Blättern, denn es ist oft die erste frische Mahlzeit nach einem langen, harten Winter. Erst spät in der Frühlingsnacht hoppelt jeder Hase nach Hause zurück. Schnüpperli ist zufrieden mit dem Frühlingstag und freut sich schon auf den nächsten und darauf, was er alles wieder entdecken kann. Doch jetzt ist er müde und schläft ganz schnell ein.

**Abschluss:**

Die Erzieherin stellt einen Korb in den Kreis. In ihm sind viele Schätze, die Schnüpperli gefunden hat. Sie hat sich den Korb ausgeliehen, damit die Kinder wie Schnüpperli mit seinen Freunden das Frühlingsspiel auch gemeinsam durchführen können.

Den Kindern werden nun die Augen verbunden (oder sie schließen sie) und Dinge wie Löwenzahn, Blumenzwiebeln, frisches Gras, ein Ast mit Knospen, eine Blume usw. können mit allen Sinnen erraten werden. Die Kinder sollten aber nicht an den Gegenständen knabbern!

**Anregung:**

Um in der kommenden Zeit das Wachsen und Entstehen einer Blume oder von verschiedenen Gemüsesorten beobachten zu können, wäre es schön, wenn ein kleiner Garten angelegt werden könnte. Auch in großen Kartons oder Kästen kann etwas ausgesät oder gepflanzt werden. So ganz nebenbei kann dann bei der Arbeit draußen bestimmt noch viel entdeckt werden und die Kinder können ihre Kenntnisse „praktisch" vertiefen.

# Frühlingswetter

**Material:**

mehrere Rasseln oder mit Reis gefüllte Plastikbecher, einige Handtrommeln oder Butterbrotpapierstreifen, mehrere Triangeln oder Löffel

**Einstieg:**

Die Erzieherin geht mit den Kindern nach draußen. Für eine kurze Zeit können sie sich dort ein wenig austoben. So ganz nebenbei geht sie in einem Gespräch auf das herrschende Wetter ein. Zurück im Gruppenraum setzen sich die Kinder in Kreisform nieder und die Erzieherin stellt folgendes Rätsel.

## Was ist das?

Mal ist es kalt, mal ist es heiß,
mal läuft mir vom Kopf der Schweiß.
Mal ist es trocken und mal nass,
mal macht's den Kindern richtig Spaß.
Mal fall'n vom Himmel weiße Flocken,
die uns dann nach draußen locken.
Mal knallt und kracht es ganz schön laut,
mal dringt der Wind bis auf die Haut.
Mal ist es laut, mal ist es still,
es weiß oft gar nicht, was es will.
Sag mir schnell, wenn du es weißt,
wie dieser kleine Schelm wohl heißt.

(Frühlingswetter)

Haben alle diese Aufgabe gelöst, dann trägt die Erzieherin den folgenden Vers vor. Danach folgt ein Gespräch und die Klangmaterialien werden in die Mitte gestellt. Nach einer kurzen Experimentierphase werden sie dem Wetter zugeordnet. Anschließend wird der Vers noch einmal von der Erzieherin erzählt und mithilfe der Klangwerkzeuge verklanglicht. So kann beispielsweise mit einer Rassel oder einem mit Reis gefüllten Plastikbecher der Regen verklanglicht werden, das Reiben auf der Handtrommel oder das Rascheln des Butterbrotpapiers stellt den Wind dar und die Triangel mit ihrem hellen Klang steht für die strahlende Sonne.

Kommt, lasst uns nach draußen gehn,
denn dieser Frühlingstag ist schön.
Und der warme Frühlingsregen
bringt der Natur nun sehr viel Segen.
Er schenkt den Pflanzen so viel Kraft,
sonst hätten sie es nicht geschafft,
neu zu wachsen, fest zu stehen,
den Frühling kann nun jeder sehen.

Kommt, lasst uns nach draußen gehn,
denn dieser Frühlingstag ist schön.
Und der warme Frühlingswind
streichelt jedes Menschenkind,
streichelt sanft auch jedes Tier,
er kommt bestimmt auch noch zu dir.
Der Wind schenkt uns die Blütenpracht,
er hat die Erde bunt gemacht.

Kommt, lasst uns nach draußen gehn,
denn dieser Frühlingstag ist schön.
Und die warme Frühlingssonne
vertreibt die Kälte, welche Wonne.
Ohne warmen Sonnenschein
könnten wir nicht glücklich sein.
Die Sonnenstrahlen brauchen wir
und auch die Pflanze und das Tier.

Kommt, lasst uns nach draußen gehn,
denn dieser Frühlingstag ist schön.
Ob Sonne, Wind oder auch Regen,
gar jedes Wetter muss es geben.
Sonst wär's nicht schön auf dieser Welt,
die uns allen gut gefällt.
Drum lasst uns jetzt nach draußen gehn
und nach dem Frühlingswetter sehn.

**Auswertung:**

Noch einmal gehen die Kinder nach
draußen und nun wird bewusst auf das
Wetter eingegangen.

## Eine Wetterstation

**Material:**

ein großer Bogen Pappe, ein großes Einmachglas, viele Glöckchen an einem Band, eventuell Folien, Scheren, Stöcke und Bänder

**Durchführung:**

Die Erzieherin hat auf dem Pappbogen ein Raster mit Kästchen aufgezeichnet. In der obersten Zeile sind die Symbole für Sonne, Regen, Wind, Wolken usw. eingezeichnet. In der ersten Spalte stehen die Wochentage. An den einzelnen Wochentagen kann nun angekreuzt werden, welches Wetter herrscht.

Das Einmachglas ist mit Strichen versehen, so dass man ablesen kann, wie viel Regen gefallen ist.
Die Erzieherin zeigt den Kindern, die im Kreis sitzen, das Material für die Wetterstation, die nun gemeinsam errichtet wird. Dazu wird das Plakat in der Gruppe aufgehängt und das Glas nach draußen gestellt.

Damit die Kinder den Wind hören können, werden die Glöckchen in einen Baum gehängt. Nun kann das Frühlingswetter in den nächsten Tagen genau beobachtet werden, denn es wird durch diese Hilfsmittel sichtbar, hörbar, messbar und ablesbar gemacht.
Wenn die Kinder Interesse haben, können im Freispiel mit Bändern, Folien und Stöcken Windmühlen gebastelt werden, die dann auch draußen aufgestellt oder aufgehängt werden.

# Die Frühlingswiese

**Material:**

für die Erzieherin und jedes Kind ein etwa 10 cm breiter Streifen grünes Papier, mehrere kleine, farbige Faltblätter, eine Schere, Klebstoff, ein weißes Malblatt, außerdem ein Kassettenrekorder und ruhige Musik, ein Tulpenstrauß

**Vorbereitung:**

Die Kinder sitzen am Tisch. Das Material liegt griffbereit.

**Einstieg:**

Die Erzieherin bittet die Kinder, die Augen zu schließen. Sie stellt einen Strauß Tulpen auf den Tisch. Bei ruhiger Musik betrachten die Kinder diesen Strauß. Er soll zu einem Gespräch anregen; der Name der Blume wird dabei aber nicht genannt. Die Kinder können die Blumen auch vorsichtig befühlen oder an ihnen riechen. Die Erzieherin erzählt den Kindern, dass sie diese Frühlingsblumen auf einer Wiese gepflückt habe. Da der Weg zu dieser Wiese jedoch sehr weit sei und sie mit ihnen nicht dorthin gehen könne, wolle sie mit ihnen eine eigene Wiese mit Blumen basteln. Sie holt das Material, legt es auf den Tisch und sagt folgenden Vers auf, wobei sie gleichzeitig eine Blumenwiese bastelt.

**Erzieherin zeigt auf ein Kind.**
**Sie zeigt auf ein anderes Kind.**

Komm, ich will was mit dir machen,
ich zeig dir jetzt ganz tolle Sachen.

**Auf das Material zeigen.**

Mit Schere, Klebstoff und Papier,
die siehst du ja, denn sie sind hier,

| | |
|---|---|
| Auf ein Kind zeigen. | wird ganz schnell, du wirst es sehn, 'ne Wiese, auf der Blumen stehn. |
| | Falten, schneiden, das macht Spaß, schau nun zu, ich zeig dir was. |
| Auf ein Kind zeigen. | |
| Die Schere in die Hand nehmen. | Mit der Schere, eins, zwei, drei, schneid ich das grüne Blatt entzwei. |
| Viele schmale Streifen in das Blatt schneiden. | Aus schmalen Streifen wird nun Gras schau nur her, ich zeig dir das. |
| Den Streifen mit Klebstoff bestreichen und auf das weiße Blatt kleben. | Das Streifenband, du siehst es hier, klebe ich auf das Papier. |
| | Soll es 'ne Frühlingswiese sein, dann müssen Blumen noch hinein. |
| | Drum falte ich, schaut einmal zu, eine Blume jetzt im Nu. |

| | |
|---|---|
| Das kleine Faltblatt zeigen und auf die Ecken tippen. | In dem Blatt, es hat vier Ecken, |
| Diagonal Spitze auf Spitze falten. | könnt ihr ein Dreieck nun entdecken. |
| Die Ecken rechts und links schräg hoch-knicken, so dass eine Blüte mit drei Spitzen entsteht. | Die beiden Ecken falt ich hoch, ach ja, der Blumenstiel fehlt noch. |
| Einen Streifen aus grünem Papier schneiden. Stiel und Blüte auf das Gras kleben. | Den schneide ich nun aus Papier, kleb alles fest und zeige dir |
| Auf ein Kind zeigen. Dieses nennt den Blu-mennamen „Tulpe". | die Frühlingsblume, sag du mir schnell, ihren Namen auf der Stell. |
| Die Erzieherin macht nun noch 2 Tulpen und klebt sie auf das Blatt. | Ich mache viele so wie diese und fertig ist die Frühlingswiese. |

Abschluss:

Das Material wird an die Kinder verteilt und sie gestalten nun auch eine Frühlingswiese. Dabei kann der Text noch einmal gespro-chen werden. Die Bilder werden an-einander geklebt und können so eine Wand in eine fröhliche Frühlingswiese ver-wandeln.

# Fridolin, der kleine Hase

**Material:** Kopfschmuck für zwei Hasen in Form von Ohren aus bemalter Pappe, die mit einem Gummiband am Kopf befestigt werden können, ein Korb mit gekochten und gefärbten Eiern, ein Roller, eine Matratze, eine Decke, eventuell ein paar Topfblumen

**Vorbereitung:** Vielleicht kann eine Erzieherin oder ein Elternteil den Kindern zur Tierbetrachtung einen oder zwei Hasen zur Verfügung stellen. Das wäre eine sehr lebendige Einleitung für die folgende Geschichte.

**Einstieg:** Die beiden lebenden Hasen oder ersatzweise zwei Hasen aus Plüsch werden in die Kreismitte gesetzt, betrachtet und eventuell gestreichelt. Die Erzieherin regt zu einem Gespräch über Hasen an und trägt den folgenden Reim vor, wobei die Kinder das letzte Wort/die letzte Silbe der jeweils zweiten Zeile selbst ergänzen.

Fridolin, der kleine Hase,
sitzt ganz traurig jetzt im … (Grase).

Dorthin hat er sich gesetzt,
denn er hat sich leicht ver… (letzt).

Beim Hoppeln über Stock und Stein
zerkratzte ihm ein Busch das … (Bein).

Fridolin stöhnt: „Ach, o weh,
mein Bein, es tut mir schrecklich … (weh).“

Doch Fridolin kann gar nicht ruhn,
er hat noch sehr, sehr viel zu … (tun).

Muss bunte Eier noch verstecken
hinter Bäumen, Sträuchern, … (Hecken).

Was soll Fridolin nur machen,
ihm ist zum Weinen, nicht zum … (Lachen).

Da kommt sein Freund, der Mops, daher,
trägt einen Korb mit Eiern … (schwer).

Er sieht den Fridolin und dann
bietet er seine Hilfe … (an).

Mops bringt nun alle Eier fort,
versteckt sie schnell an sicherem … (Ort).

Und als der Tag zu Ende geht,
der Mops vor Fridolin dann … (steht).

Er hat an Fridolin gedacht
und etwas Tolles mitge… (bracht).

Mit einem Roller geht's nach Haus
schnell wie der Wind, mit Saus und … (Braus).

Im Bett kann Fridolin dann ruhn,
denn er hat gar nichts mehr zu … (tun).

**Auswertung:**

Danach sind der Ablauf und der Text so gut bekannt, dass diese Geschichte als Rollenspiel gespielt werden kann. Die Eier können anschließend gemeinsam gegessen werden.

# Der Frühling lädt zum Wandern ein

**Material:**

je nach Anzahl der Kinder ein oder zwei Langbänke

**Durchführung:**

Im Turnraum oder im freigeräumten Gruppenraum bewegen sich die Kinder gemäß der folgenden Bewegungsgeschichte, die die Erzieherin erzählt.

Es ist Frühling und die ersten warmen Sonnenstrahlen wecken mich (sich selbst kitzeln) und auch dich. (Das Nachbarkind kitzeln.) Sie laden uns zum Wandern ein. Frohgelaunt und ausgeschlafen laufen wir los. (Durch den Raum laufen.) Die warme Frühlingsluft tut so richtig gut. Wir recken uns der Sonne entgegen und dann hüpfen wir weiter. (Ausgiebig recken und strecken und dann weiterhüpfen.) Unser Weg führt uns über eine Wiese. Da sie noch ein wenig feucht vom Morgentau ist, gehen wir mit großen Schritten durch das Gras. (Wie ein Storch schreiten.) O je, am Ende der Wiese ist ein Zaun. Doch mit einem Satz springen wir über den Zaun auf die andere Seite. (Mit aufgestützten Armen seitlich über die Langbank springen.) Frisch und munter hüpfen wir weiter. Plötzlich hören wir etwas. Wir bleiben stehen (stehen bleiben), lauschen (die Hand an ein Ohr halten) und schauen zum Himmel (die Hand vor die Stirn halten und nach oben schauen). Wir sehen eine große Vogelschar, die aus dem Süden zurückkommt. Sie fliegt am Himmel entlang und erfreut uns mit einem Frühlingsgesang. (Arme ausbreiten, durch den Raum „fliegen" und den Vogelgesang nachmachen.) Doch nun gehen wir weiter. Unser Weg führt uns zu einem kleinen Bach. Das Wasser plätschert so laut (Mit den Händen fest auf die Oberschenkel schlagen.), dass wir die Vögel über uns nicht mehr hören. Ein schmaler Baumstamm führt über den Bach. Vorsichtig balancieren wir über ihn zur anderen Seite. (Die Langbank umdrehen und über die schmale Seite balancieren.) Trocken sind wir auf der anderen Seite angekommen und befinden uns auf einer Frühlingswiese.

Auf ihr wachsen unzählige kleine (in die Hocke gehen) und große (auf die Zehenspitzen stellen) Blumen. Sie alle haben ihre Blütenkelche weit geöffnet (langsam die zusammengehaltenen Arme nach oben führen und sie dann langsam weit öffnen) und schauen zur Sonne. (Nach oben schauen.) Wir bleiben eine Weile still stehen, schließen die Augen und atmen den Duft der Frühlingsblumen ein. (Pantomimisch darstellen.) Dann setzen wir die Wanderung fort. (Durch den Raum gehen, laufen oder hüpfen.) Wir kommen an aufgestapelten Baumstämmen vorbei und entdecken eine Käferschar, die hintereinander über einen Baumstamm krabbelt. Am Ende des Baumstammes fliegen sie auf ein großes Blatt. Dort ruhen sich die Käfer aus. (Alle krabbeln hintereinander über die Langbank. Am Ende läuft jeder mit ausgebreiteten Armen in eine Raumecke und hockt sich auf den Boden. Dort wird eine kleine Pause eingelegt.) Wir gehen weiter und sehen Hasen, die über unseren Weg hoppeln. (Die Kinder hoppeln durch den Raum.) Der Frühlingstag vergeht sehr schnell und langsam wird es dunkel. Wir müssen uns auf den Heimweg machen. Unterwegs kommen wir noch einmal bei den Käfern vorbei, die über den Baumstamm krabbeln und in der Abenddämmerung verschwinden. (Wieder über die Langbank krabbeln und mit ausgebreiteten Armen durch den Raum laufen.) Wir laufen weiter und sehen, dass die großen und kleinen Frühlingsblumen nun ihre Kelche geschlossen haben. (Hocken oder auf Zehenspitzen stehen, die Arme über dem Kopf zusammenführen.) Unsere Schritte werden schneller, denn es wird nun ein wenig kalt. Wir kommen zu dem Bach. Das Wasser plätschert immer noch so laut wie heute Morgen. (Mit den Händen auf die Oberschenkel schlagen.) Vorsichtig balancieren wir über den Baumstamm zur andern Seite. (Über die Langbank balancieren.) Wir laufen und erreichen die Wiese, springen über den Zaun (seitlich über die Langbank springen) und schreiten wieder durch das von der Abendluft feuchte Gras. (Gehen wie ein Storch.) Doch nun laufen wir, so schnell es geht, nach Hause. (Schnell laufen.) Dort setzt sich jeder auf die Gartenbank und denkt noch einmal an die erste Frühlingswanderung zurück. (Alle Kinder setzen sich auf die Langbank).

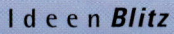

# Hurra, hurra, der Frühling, der ist da

*Melodie: Jörg Schnieder*
*Text: Ingrid Biermann*

♩ = 120

*Refrain*

Hur - ra, hur - ra, hur - ra, hur - ra, der Früh - ling, der ist da - a - a. Hur - ra, hur - ra, hur - ra, hur - ra, der Früh - ling, der ist da.

*Strophe*

1. Die Welt, sie ruht, doch ü - ber Nacht, da ist der Früh - ling auf - ge - wacht. Ver - treibt die Käl - te, Eis und Schnee, lässt Blu - men blü - hen und den Klee.

Hurra, hurra …

2. Der Frühling, ja er macht sich breit,
er kommt zu uns, es wird auch Zeit.
Die Vögel, die sind wieder da,
kommen zu uns aus fern und nah.

Hurra, hurra …

3. Und jeder Mensch, ob Groß ob Klein,
lässt nun den Frühling zu sich rein.
Die Kinder springen wild umher,
sie mögen diesen Frühling sehr.

Hurra, hurra …

# Pick erlebt ein Frühlingsabenteuer

**Material:**

Bilder oder Figuren vom Huhn, Hahn, Küken, Hund, Hupe, Auto, Schwein, Kuh, Katze, ein Bild mit einer Hühnerfamilie (Hahn, Huhn und Küken), viele kleine Faltblätter, eventuell ein Plüschküken und ein Fühlbeutel

**Einstieg:**

Die Kinder sitzen im Kreis, das Bild mit Familie Huhn liegt, mit Faltblättern abgedeckt, in der Kreismitte. Nacheinander werden die Blätter entfernt und die Kinder versuchen, das verdeckte Bildmotiv so früh wie möglich zu erraten. Anschließend werden die Geburt, das Wachsen und das Leben der Tiere im Frühling thematisiert. Ist ein Plüschküken vorhanden, wird es vor der Aktion in den Fühlbeutel gelegt. Die Erzieherin reicht den Beutel herum und die Kinder können den Inhalt erfühlen. Schließlich stellt sie das Küken als Pick vor und erzählt, dass dieses Küken mit vielen anderen Tieren (sie zeigt die Bilder) auf einem Bauernhof lebe. Nach Herzenslust können die Kinder die Geräusche der Bauernhoftiere, des Autos und der Autohupe imitieren. Anschließend wird die folgende Geschichte erzählt. Dabei zeigt die Erzieherin das im Text groß Geschriebene in Form von Bildern oder Bauteppichfiguren. Die Kinder erzeugen jeweils die Geräusche, die dazu passen. Zusätzlich kann sich ein Kind mit dem Rücken zum Kreis setzen, so dass es die Bilder nicht sieht, die die Erzieherin den anderen Kindern zeigt. Es soll anhand der Geräusche die Tiere identifizieren und laut benennen.

Auf dem Hof von Bauer Luig sind vor einigen Tagen sechs kleine KÜKEN zur Welt gekommen. Das HUHN und auch der HAHN sind stolz auf ihre sechs KÜKEN. An einem warmen Frühlingstag machen das HUHN, der HAHN und die sechs KÜKEN ihren ersten Ausflug. Alle sind sehr aufgeregt. Vor allen das kleinste Küken. Es heißt Pick. Pick kann es gar nicht erwarten, seine Umgebung zu entdecken. Doch hinter dem HUHN und dem HAHN und den anderen KÜKEN herzulaufen, das macht Pick keinen Spaß. Deshalb macht es sich bei der nächstbesten Gelegenheit aus dem Staub. Gerade als das HUHN, der HAHN und die KÜKEN am Stall der SCHWEINE vorbeikommen, wo es schrecklich laut ist, rennt Pick, so schnell es geht, auf die Wiese. Das Gras ist dort so hoch, dass es von niemandem gesehen werden kann. Das HUHN, der HAHN und die anderen KÜKEN haben nichts bemerkt. Sie laufen weiter. Pick selbst kann mitten im hohen Gras auch nicht weit sehen, aber es läuft mutig weiter. Plötzlich hört es ein lautes Rascheln. Vor ihm steht eine dicke KUH. Pick hat noch nie eine so dicke KUH gesehen und deshalb glaubt es, ein Ungeheuer würde vor ihm stehen. So schnell es geht, rennt Pick weiter. Am Ende der Wiese angekommen, ist es völlig aus der Puste und ruht sich erst einmal aus. Doch, o weh, plötzlich kommt ein AUTO angebraust und HUPT so laut, dass Pick gerade noch zur Seite springen kann. Zum Glück ist nichts passiert. Nein, so aufregend hatte Pick sich den Ausflug nicht vorgestellt. Die Abenteuer reichen ihm und Pick will nach Hause. Doch leider weiß es den Weg nicht mehr. Es schaut sich um. Alles ist so fremd. Was jetzt? Doch da kommt schon Hilfe. Pick entdeckt einen HUND. Es ist Strolch. Er lebt auch auf dem Hof und hat alles beobachtet. Die ganze Zeit ist er schon hinter Pick hergelaufen und jetzt trägt STROLCH Pick in seinem Maul nach Hause. Auf dem Hof ist schon alles in heller Aufregung: Der HAHN, das HUHN, die KÜKEN und sogar die HOF-KATZE suchen Pick. Wie froh sind sie, als der HUND Strolch mit Pick den Hof erreicht. Der HAHN schimpft so laut, dass man sein Geschrei über den ganzen Hof hören kann. Doch das HUHN treibt Pick schnell ins Nest, denn es ist froh, dass alles wieder in Ordnung ist. Nie wieder will Pick allein einen Frühlingsspaziergang machen, denn das ist für kleine KÜKEN viel zu gefährlich.

# In einem Nest, ganz klitzeklein

**Material:**
ein Bogen Pappe, dicke Filzstifte

**Einstieg:**

Die Erzieherin malt auf ein großes Blatt ein Nest. Schon während sie malt, sollen die Kinder das Bilderrätsel erraten. Ein Gespräch über die Arbeit der Vögel im Frühling kann sich anschließen. Nun macht sie das folgende Fingerspiel vor.

Erzieherin bildet mit den Händen eine Schale. Sie geht im Kreis herum und lässt die Kinder in dieses „Nest" schauen.

In einem Nest, ganz klitzeklein,
komm, schau einmal ganz leis hinein,

Mit Daumen und Zeigefinger ein kleines Ei formen.

da liegt ein winzig kleines Ei,

Mit beiden Daumen und Zeigefingern je ein Ei formen.

ach nein, es sind ja sogar zwei.

Ein Vogel, der muss jetzt viel brüten,
er muss die Eier gut behüten.

Mit der einen Hand eine Schale bilden, mit der anderen Flugbewegungen machen.

Er kommt und fliegt direkt aufs Nest,

Die Faust der „Flughand" in die Schale setzen, ein wenig hin und her drehen und dann still sitzen bleiben.

dreht sich und sitzt dann ganz fest.

Der Zeigefinger der Fausthand wird herausgestreckt und hin und her bewegt.

Sitzt nun still und schaut umher,

Den Finger schnell auf und ab bewegen.

plötzlich freut er sich gar sehr.

Die Faust auf den Unterarm der „Nesthand" setzen.

Fliegt auf einen dicken Ast,
macht dort oben eine Rast.

| | |
|---|---|
| Mit dem Daumen und dem Zeigefinger einer Hand ein Ei formen und langsam öffnen. Den Zeigefinger gerade nach oben strecken. | Sieht ins Nest, ein Ei zerbricht, |
| | ein Vogel schaut ins Sonnenlicht. |
| Mit dem Daumen und Zeigefinger der anderen Hand ein Ei bilden und langsam öffnen. Beide Zeigefinger auf und ab bewegen. | Das zweite Ei bricht auch entzwei, |
| | ja, nun sind die Vögel frei. |
| Mit beiden Armen Flugbewegungen machen. | Nach vielen Wochen, ach wie schön, kann man die zwei schon fliegen sehn. |
| Mit beiden Händen wieder eine Schale machen und den Kindern zeigen. | Das Nest ist leer, doch nächstes Jahr ist der Vogel wieder da. |
| Abschluss: | Diese Fingerspielgeschichte kann nun von den Kindern nachgespielt werden. Ein Spaziergang im Laufe des Morgens und die Suche nach einem Vogelnest geben der Geschichte einen schönen Abschluss. |

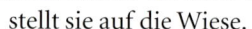

# In der letzten
## Frühlingsnacht

**Material:**

ein Kassettenrekorder mit ruhiger Musik, ein Abdecktuch, ein Fühlbeutel mit drei Tieren: Käfer, Igel und Schnecke, ein paar Dekorationsteile wie Steine, Blumen usw., Wollfäden als Regenwürmer, Schneckenhäuser, Holzstöckchen usw. für die Moos-Frühlingswiese, für jeweils zwei Kinder eine Decke, ein Noppenball, zwei Stöckchen – z. B. getrocknete Weidenzweige oder auch Trinkhalme –, ein Bierdeckel, eine Massagerolle (feste Papprolle), für jedes Kind ein Stück Moos und ein kleiner Dekorationskäfer

**Vorbereitung:**

Der Raum ist verdunkelt und warm. Die Decken sind in Kreisform gelegt. Die Materialien liegen griffbereit und sind mit einem Tuch abgedeckt. Die Dekorationskäfer, die alle Kinder am Schluss des Angebots erhalten, verwahrt die Erzieherin bei sich.

Die Erzieherin bittet die Kinder, sich zu zweit auf eine Decke zu setzen. Die Kinder bilden mit den Händen eine Schale, schließen die Augen und bekommen ein Stück Moos in die Hand gelegt. Ruhige Musik untermalt dieses Fühlrätsel. Nachdem die Kinder die Aufgabe gelöst und das Moos erkannt haben, wird mit den Moosstücken in der Kreismitt ein Moosteppich als Frühlingswiese gelegt. In einem Gespräch wird nun das Frühlingserwachen, der Winterschlaf und das Verhalten der Tiere thematisiert. Danach leitet die Erzieherin zur Geschichte über und erzählt sie. Dabei holt sie, dem Text entsprechend, nacheinander die Tiere aus dem Fühlbeutel und stellt sie auf die Wiese.

In der letzten Frühlingsnacht,
da ist der Igel aufgewacht.
Er freut sich auf den Frühlingstag,
was der ihm heut wohl bringen mag?

Mit dem Bierdeckel wedeln.

Er spürt den Wind,
der sagt ganz leise:
„Komm, mach mit mir nun eine Reise,
lass uns jetzt spazieren gehn
und uns die Frühlingswelt ansehn."

Die Hände für einige Zeit auf den Rücken
legen.
Mit dem Noppenball über den ganzen
Körper rollen.

Die Frühlingssonne kann er spüren,
wohin wird ihn der Wind jetzt führen?
Der Igel trippelt ganz allein
über Stock und über Stein.

Er trippelt und er ist so froh,
den Frühling, ja, den mag er so.
Der Wind, er pustet ihn nun fort
an einen neuen Frühlingsort.

Mit dem Bierdeckel wedeln.

In der letzten Frühlingsnacht,
da ist der Käfer aufgewacht.
Er freut sich auf den Frühlingstag,
was der ihm heut wohl bringen mag?

Mit dem Bierdeckel wedeln.

Der Frühlingswind,
der sagt ganz leise:
„Komm, mach mit mir nun eine Reise,
lass uns jetzt spazieren gehn
und uns die Frühlingswelt ansehn."

Die Hände für einige Zeit still auf die
Schultern legen.
Mit den Stöckchen über den Körper laufen.

Die Frühlingssonne kann er spüren,
wohin wird ihn der Wind jetzt führen?
Der Käfer krabbelt ganz allein
über Stock und über Stein.

Er krabbelt und er ist so froh,
den Frühling, ja, den mag er so.
Der Wind, er pustet ihn nun fort
an einen neuen Frühlingsort.

**Mit dem Bierdeckel wedeln.**

In der letzten Frühlingsnacht,
da ist die Schnecke aufgewacht.
Sie freut sich auf den Frühlingstag,
was der ihr heut wohl bringen mag?

**Mit dem Bierdeckel wedeln.**

Der Frühlingswind,
der sagt ganz leise:
„Komm, mach mit mir nun eine Reise,
lass uns jetzt spazieren gehn
und uns die Frühlingswelt ansehn."

**Die Hände für einige Zeit auf die Beine legen.**

Die Frühlingssonne kann sie spüren,
wohin wird sie der Wind jetzt führen?

**Während der ganzen Zeit mit der Rolle über den Körper rollen.**

Die Schnecke, die kriecht ganz allein
über Stock und über Stein.

Sie kriecht und sie ist so froh,
den Frühling, ja, den mag sie so.

**Mit dem Bierdeckel wedeln.**

Der Wind, er pustet sie nun fort
an einen neuen Frühlingsort.

Die Frühlingssonne hat's geschafft,
mit ihrer starken Strahlenkraft
die Tiere wieder aufzuwecken
und sie auch nicht zu erschrecken.

**Die Hände auf den Rücken legen.**

Die Sonnenstrahlen spürst auch du,
Komm, gönn dir nun ein wenig Ruh,
entspanne dich und liege still,
weil ich dir Wärme schenken will.

**Die Hände wegnehmen.**

Nun ist die Frühlingssonne fort,
die Wärme bleibt an diesem Ort.
Doch jemand will jetzt mit dir gehn,
denn bei dir war es so schön.

Mit den Stöckchen über die Beine auf den Rücken laufen.
Jedem liegenden Kind einen kleinen Dekorationskäfer in die Hand legen.
Die Kinder wecken langsam ihren Körper.

Die Kinder betrachten den Käfer.

Von weitem kommt er angerannt

und setzt sich still in deine Hand.

Reck dich, streck dich, es war schön
mit dir durch diesen Tag zu gehn.

Nimm das Geschenk jetzt mit nach Haus,
denn diese Reise ist nun aus.

Nachdem die Erzieherin den Kindern die Reimgeschichte vorgelesen hat, lädt sie sie ein, aus der Geschichte eine Massagegeschichte zu gestalten. Sie legt dazu die Papprollen, die Igelbälle, die Bierdeckel und die Stöckchen in die Mitte. Gemeinsam werden diese Materialien den Tieren und dem Wind zugeordnet.
Für die Massage legt sich jeweils ein Kind auf den Bauch, das andere kniet daneben und bekommt einen Noppenball, zwei Stöckchen, einen Bierdeckel und eine Massagerolle. Die Erzieherin erzählt noch einmal die Geschichte und das kniende Kind führt die o. g. Massagen an dem liegenden Kind durch. Ruhige Musik begleitet diese sanfte Massage. Anschließend erfolgt ein Rollentausch.

Abschluss:

Der Moosteppich wird als Frühlingswiese mit den restlichen Dekorationsmaterialien gestaltet.

# Kreatives rund um den Blumentopf aus Ton

### Gänseblümchentopf

**Material:** viele Gänseblümchenköpfe, Blumentöpfe aus Ton, flüssiger Klebstoff, Pinsel, Plakafarben und Pinsel

**Anleitung:** Die sauberen, trockenen Tontöpfe werden von den Kindern zunächst bunt bemalt. Nach dem Trocknen wird jeder Topf dick eingekleistert und mit den Gänseblümchenköpfen verziert.

**Hinweis:** Alle Blumentöpfe können mit Blumenerde gefüllt werden. Diese wird mit Kräutersamen bestreut. Dann sind sie ein schönes Oster- oder Muttertagsgeschenk.

### Moos- und Rindentopf

**Material:** Blumentöpfe aus Ton, flüssiger Klebstoff, getrocknetes Moos, trockene Rindenstücke, Pinsel

**Anleitung:** Der Blumentopf muss sauber und trocken sein. Er wird mit flüssigem Klebstoff eingepinselt und dann mit getrockneten Moosteilen und Rindenstückchen beklebt. So entstehen fantasievoll mit Naturmaterial verzierte Töpfe, die mit Topfpflanzen oder Kräutern bestückt auf dem Fenstersims einen festen Platz finden können.

### Papierübertopf

**Material:** Blumentöpfe aus Ton, Toilettenpapier, Gips, ein alter Eimer, ein Stock oder ein alter Kochlöffel zum Umrühren, verschiedene Plakafarben und Pinsel

**Anleitung:** Zunächst wird das Toilettenpapier in größere und kleinere Stücke gerissen. Dann wird die Gipsmasse nach Vorschrift mit Wasser angerührt. Das Toilettenpapier wird in den Gips getaucht und um den sauberen und trockenen Blumentopf gekleistert. So entstehen Unebenheiten, die gewollt sind, und die Kinder können ihren Blumentopf frei modellieren. Nach dem Trocknen malt jedes Kind seinen Blumentopf fantasievoll an.

**Hinweis:** Statt des Toilettenpapiers kann auch Zeitungspapier oder Küchenpapier verwendet werden.

## Schmackhaftes aus dem Tontopf

### Der Rosinenkuchen aus dem Topf

**Zutaten:** (für etwa zwei mittelgroße Tontöpfe) 500 g Mehl, 1 Würfel Hefe, 250 g Zucker, ⅛ l lauwarme Milch, 1 Prise Salz, 4 Eier, 150 g Rosinen

**Zubereitung:** Aus Mehl, lauwarmer Milch, Hefe und den übrigen Zutaten einen Hefeteig herstellen. Den Teig zugedeckt ½ Stunde an einen warmen Ort stellen und gehen lassen. Noch einmal durchkneten und die Rosinen untermengen. Die Teigmenge in zwei saubere Tontöpfe füllen, nochmals ca. 15 Minuten stehen lassen und dann im vorgeheizten Backofen bei 200 Grad ca. 45 Minuten backen. Topf abkühlen lassen und dann den Kuchen aus dem Topf lösen. Den Kuchen zum Schluss mit Puderzucker bestreuen.

# Der Spielplatz erwacht

Nach den langen, kalten Wintertagen zieht es alle Menschen, vor allem aber die Kinder schon bei den ersten warmen Sonnenstrahlen nach draußen. Dann wird es auch höchste Zeit, den Spielplatz wieder herzurichten. Wer könnte dabei besser helfen als die Eltern? Da es auch den Kindern viel Spaß macht, ihre Dreiräder, Roller, Fahrräder, Trecker usw. vom Schmutz des letzten Jahres bzw. des „Winterschlafs" zu befreien, wäre es doch eine schöne Sache, daraus eine Frühlingsputzaktion mit Eltern, Kindern und Erzieherinnen zu machen. Laden Sie an einem warmen Frühlingstag die Eltern ein und Sie werden sehen, wie viele ihre Dienste anbieten, vor allem dann, wenn dieser Aktionstag noch ein wenig verpackt ist. Arbeiten und feiern ist eine gute Kombination und motiviert eher als der bloße Aufruf mitanzupacken. Stellen Sie mit den Kolleginnen einen Arbeitsplan auf, in dem alle anfallenden Arbeiten erwähnt und näher beschrieben werden. Dieser Plan wird dann in der Eingangshalle des Kindergartens ausgehängt und die Eltern können sich dort eintragen und eventuell benötigtes Arbeitsmaterial von zu Hause mitbringen. Jeder kann an diesem Tag seine Talente unter Beweis stellen oder sich in einer für ihn neuen Tätigkeit üben.

### Putz- und Auffrischungsaktion

Schauen Sie sich mal auf Ihrem Spielplatz um. Da gibt es sicher viel zu tun. Das Spielzeughaus etwa müsste gefegt werden, die Spielzeugfahrzeuge, Schippen, Eimer usw. müssen gereinigt werden. Schließlich gilt es, manchen Spielgeräten durch einen neuen Anstrich frischen Glanz und Widerstandsfähigkeit gegen den Zahn der Zeit zu verleihen.

### Pflanzaktion

Der „Kindergarten" muss pflanzbereit gemacht werden. Eventuelle Abdeckungen werden entfernt und entsorgt, die Pflanzflächen gereinigt, anschließend können Blumenzwiebeln gesetzt oder erste Samen gesät werden. Vielleicht kann in dieser Aktion sogar ein Garten oder Wege neu angelegt oder der Sand im Sandkasten ausgetauscht bzw. ergänzt werden.

### Neugestaltung und Reparaturen

Die schon lange ersehnte Matsch- oder Fühlstraße kann in dieser Aktion endlich angelegt werden. Es gibt bestimmt noch mehr Arbeiten, die an solch einem Tag verrichtet werden können. Auch kleine Reparaturen sind von handwerklich begabten Eltern leistbar.

### Spiel- und Spaßaktionen

Die Erzieherinnen können gemeinsam mit den Kindern die aktiven Eltern an diesem Nachmittag mit Liedern, Spielen oder andern Dingen überraschen, die in den vergangenen Frühlingstagen gemeinsam erlernt wurden. Kleine Pausen beleben die Arbeitsfreude und sorgen dafür, dass Kontakte geknüpft werden.

### Fototeam

Diese Frühlingsaktion sollte natürlich in Bildern festgehalten werden. Ein Fototeam, vielleicht bestehend aus einem Erwachsenen und ein paar Kindern, die mit Fotoapparaten ausgerüstet die Aktionen und Arbeitsfortschritte dokumentieren, sorgen für Bilder, die Anlass für weitere Treffen, Rückschau und Motivation für andere Aktionen sein können.

### Versorgungsteam

Arbeiten macht hungrig. Deshalb kann ein Versorgungsteam – bestehend aus Erwachsenen und Kindern – während dieser Aktion Leckereien frisch in der Kindergartenküche zubereiten.

## Herzhafte Sachen, die allen Freude machen

Bestimmt haben die Eltern in Ergänzung zu den beiden Zwischenmahlzeiten weitere köstliche Ideen, die an so einem Tag umgesetzt werden können. Natürlich können sie auch von zu Hause Salate, Schnittchen usw. mitbringen, die das Buffet noch reichhaltiger werden lassen.

### Warmes Minibaguette

Zutaten:
(für 6 Minibaguettes)
Zubereitung:

350 g Hackfleisch, 60 g durchwachsenen Speck, 3 Tomaten, 100 g Gouda, eine Zwiebel, Salz, Pfeffer, Paprika, Öl und etwas Petersilie Speck und Zwiebeln würfeln. Die Petersilie klein schneiden und in Öl andünsten. Die Brötchen aushöhlen. Die Hälfte der Brötchenmasse zu dem mit Salz, Pfeffer und Paprika gewürzten Hackfleisch geben und mit dem Speck und den Zwiebeln anbraten. Zum Schluss den Käse und die Tomaten würfeln und unter die Hackfleischmasse geben. Die Brötchen füllen und bei 180 Grad 20 Minuten in den Backofen schieben. Heiß servieren.

# Literatur

Heide Bergmann, Ursel Bühring,
Andrea Groß
Kleine grüne Wunder
Verlag Herder, Freiburg 1996

Ingrid Biermann
Klara und die Frühlingsmäuse
Verlag Herder, Freiburg 2002

Ingrid Biermann
Reihe Ideenblitz:
Farbentage/Gartentage/Waldtage
Verlag Herder, Freiburg 2001

Ingrid Biermann
Schätze aus der Hosentasche
Kösel Verlag, München 2000

Anne Braun
Das bunte Frühlings- und Osterbuch für
Kinder
Arena Verlag, Würzburg 1995

John Farndon
Naturführer für Kinder „Wetter"
Saatkornverlag, Hamburg 1992

Alle Rechte vorbehalten – Printed in Germany
© Verlag Herder Freiburg im Breisgau 2002
www.herder.de
Illustrationen: Unen Enkh, Denzlingen
Layout: Zumstein Grafik-Design, Merzhausen
Notensatz: Nikolaus Veeser, Schallstadt
Redaktion: Martin Stiefenhofer
Herstellung: J. P. Himmer, Augsburg
ISBN 3-451-27120-6